Diseños impresionantes

Escrito por Claire Owen

México

Me llamo Paolo. Vivo en
Tonanzintla, Puebla. Cerca
de mi casa hay un edificio
con diseños hermosos hechos
de azulejo. ¿Hay edificios
de azulejo cerca de tu casa?
¿Qué diseños tienen?

Contenido

Donde me veas, encontrarás actividades que reforzarán tu aprendizaje y preguntas para contestar.

Mercados mexicanos

Para muchos visitantes, recorrer los bulliciosos mercados mexicanos al aire libre es una de las atracciones principales. En un mercado típico se puede comprar de todo, desde chiles hasta una reluciente piñata para las fiestas, un disco compacto con los éxitos musicales más recientes o artesanías decoradas con diseños tradicionales. Los mercados mexicanos son muy atractivos, ruidosos y coloridos.

Diseños antiguos y nuevos

Las artesanías mexicanas incluyen tapetes de colores
con diseños geométricos, cestos tejidos a mano, animales
y muñecos pintados, brillantes azulejos y platos de
cerámica, prendas de vestir bordadas y joyería de plata.
Algunos artículos tienen un diseño moderno. Otros diseños
son tradicionales y han sido transmitidos de generación
en generación.

geométrico Lo que tiene forma bidimensional (2-D) o tridimensional
(3-D): rectángulos, triángulos o prismas.

Observa los artículos de estas páginas. ¿Qué formas encuentras en los diseños? ¿Hay algún patrón repetido o un diseño simétrico?

Patrones geométricos

En muchos tapetes mexicanos se aprecian diseños zapotecas. Los zapotecas vivieron en los valles situados en el suroeste de México desde hace cerca de 2 500 años hasta el siglo XVI. En las ruinas de Mitla, el Lugar de los Muertos, se encuentran algunos de los mejores ejemplos de diseños zapotecas. Como puedes ver, las paredes de Mitla están decoradas con mosaicos geométricos hechos de pedazos de piedra unidos con algún tipo de mezcla.

Observa los tapetes que aparecen en esta página y en la página 6. ¿Encuentras alguna forma similar a los diseños geométricos de Mitla?

Azulejos de talavera

Los españoles llegaron a América en 1521 e introdujeron en México los estilos europeos de arte y arquitectura. Los españoles tenían la tradición de decorar pisos y paredes con patrones de azulejos. En México, construyeron hermosos edificios cubiertos con ellos. Hoy, a dichos azulejos se les conoce como *talavera*, nombre derivado de la ciudad española donde se fabricaban originalmente.

En Puebla, el edificio de azulejos más famoso es la iglesia de San Francisco Acatepec.

La Casa de los Azulejos, en la Ciudad de México, está cubierta de azulejos blancos, azules y amarillos, colocados de tal manera que forman patrones.

Observa los edificios con azulejos. ¿Qué forma tiene la mayoría de los azulejos? ¿Detectas algún diseño simétrico o patrón repetitivo?

Llenar los vacíos

El nombre matemático de un patrón de azulejos es *teselación*. Algunas teselaciones constan de una sola forma —como un hexágono, triángulo o cuadrilátero— repetida de un modo regular. Algunas otras formas no constituyen un mosaico por sí solas; por ejemplo, los octágonos necesitan combinarse con cuadros.

Los edredones de retazos también constituyen teselaciones. Se pueden crear teselaciones al unir formas individuales o al hacer una combinación de éstas.

Las teselaciones hechas con varias formas pueden ser muy hermosas.

Necesitarás moldes.

1. Trabajando con moldes, ¿puedes formar una teselación con:

    a. trapecios?

    b. paralelogramos?

    c. triángulos y rombos?

    d. triángulos y cuadrados?

2. Con moldes, copia y agranda esta teselación.

3. Forma tu propia teselación con moldes. Para dejar grabado tu trabajo, usa sellos con moldes o calca los moldes en una hoja de papel.

Formas de España

En México, casi todas las teselaciones o mosaicos se hacen con azulejos cuadrados. Sin embargo, en España hay muchos ejemplos de mosaicos compuestos por formas más complejas. Dichos diseños de azulejos fueron introducidos en España por los moros, árabes del norte de África que gobernaron varias regiones de España desde el año 710 hasta finales del siglo XV.

El Palacio de la Alhambra, en Granada, España, contiene ejemplos magníficos de teselaciones.

Observa las teselaciones del Palacio de la Alhambra. ¿Cuántos hexágonos de formas diferentes encuentras en el diseño A? ¿Qué otras formas distingues?

A

B

Teselaciones sorprendentes

En 1923, y de nuevo en 1936, Maurits Escher, un artista holandés, visitó el Palacio de la Alhambra, en España. Inspirado por los patrones de los azulejos que vio, comenzó a dibujar sus propias teselaciones. No obstante, en vez de dibujar formas geométricas simples, Escher creó animales y otras figuras que encajaban entre sí sin dejar ningún espacio vacío. En total, dibujó más de 130 teselaciones.

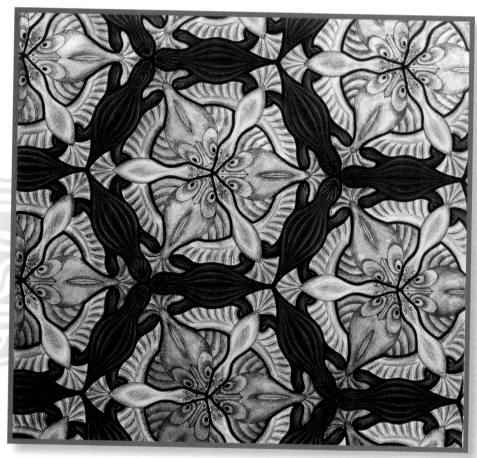

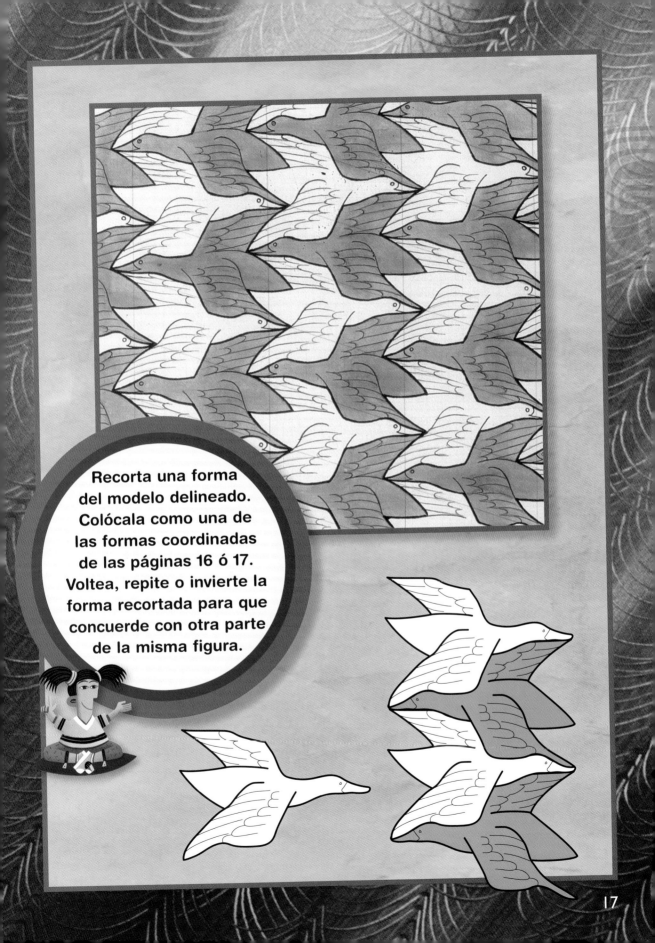

Recorta una forma
del modelo delineado.
Colócala como una de
las formas coordinadas
de las páginas 16 ó 17.
Voltea, repite o invierte la
forma recortada para que
concuerde con otra parte
de la misma figura.

Plantillas para teselaciones

Para crear una teselación, Escher empezaba con un polígono idóneo para ello, como un rectángulo, triángulo o hexágono. "Recortaba" una forma de un contorno del polígono y la "añadía" a otro contorno. Con esto creaba una plantilla. Después, el artista volteaba, invertía o repetía la plantilla para elaborar una teselación.

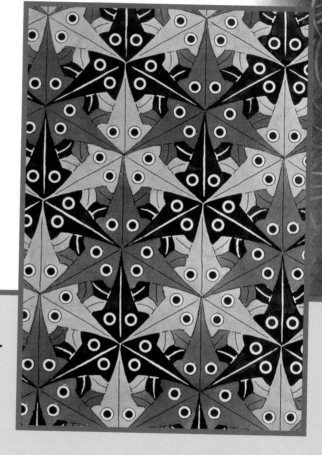

Los pasos aquí expuestos muestran la manera de recortar y reacomodar un hexágono para crear tres lagartijas como las de la teselación ilustrada a la derecha.

plantilla   Forma que se usa como patrón de corte.

Haz una teselación

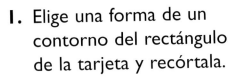

Necesitarás: • Una tarjeta de archivo • Tijeras
• Cinta adhesiva • Una hoja grande de papel • Marcadores de colores

1. Elige una forma de un contorno del rectángulo de la tarjeta y recórtala.

2. Repite la forma directamente en paralelo, al contorno opuesto del rectángulo. Pégala en su lugar.

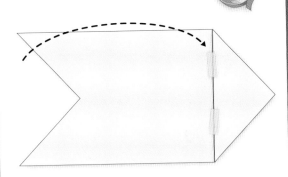

3. Repite los pasos 1 y 2 con los otros dos contornos. Ésta será tu plantilla.

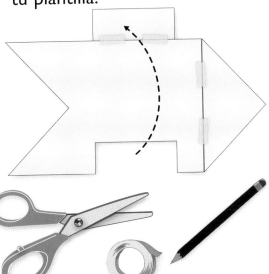

4. Ahora traza alrededor de tu plantilla; inviértela, voltéala o repítela y traza de nuevo para formar una teselación. Colorea y adorna tu diseño.

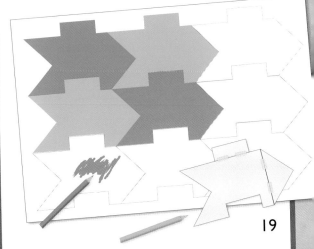

Tipos de simetría

La elaboración de una teselación implica invertir, voltear o repetir una forma. Hay un tipo de simetría relacionado con cada una de estas tres transformaciones.

Invertir una forma crea un diseño con simetría lineal, llamada también *simetría de espejo* o *de reflejo*.

Voltear o girar una forma crea un diseño con *simetría de rotación*.

Repetir o trasladar una forma crea un diseño con *simetría de traslación*.

transformación Cambio en la apariencia debido a una inversión, giro o repetición.

Observa estos
tapetes y los artículos
de las páginas 6 y 7.
Descubre ejemplos de
cada tipo de simetría.

Descripción de simetría

Los diseños con simetría giratoria se clasifican de acuerdo con el número de veces que se ven iguales en una vuelta completa. Por ejemplo, este plato se ve igual dos veces en una vuelta completa. Tiene simetría doble.

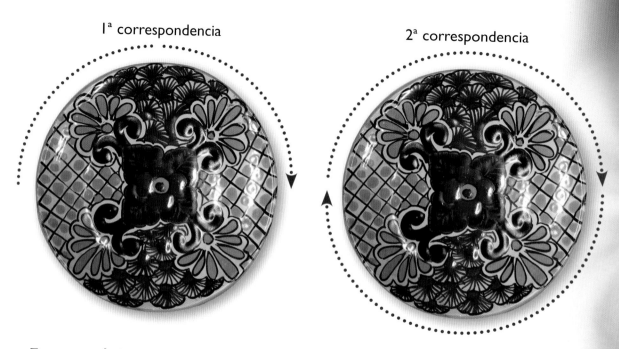

1ª correspondencia

2ª correspondencia

Este azulejo tiene simetría cuádruple.

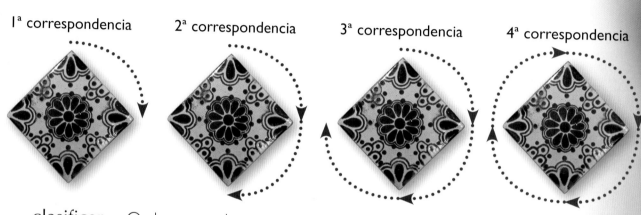

1ª correspondencia

2ª correspondencia

3ª correspondencia

4ª correspondencia

clasificar   Ordenar en clases o grupos.

Observa los diseños del azulejo y los platos. ¿Cuáles tienen simetría de rotación cuádruple? Describe los otros diseños.

A

¿Sabías que...?
Muchos diseños mexicanos tienen simetría lineal o simetría de rotación.

B

C

D

E

Respuestas modelo

Usa un programa de cómputo o utiliza la Internet para crear una teselación. ¿Te resultó más fácil trabajar con formas en la computadora o con moldes reales?

Página 7 Las formas de los tapetes incluyen rombos y paralelogramos. La mayoría de los tapetes y los tazones incluyen diseños geométricos.

Página 11 La mayoría de los azulejos son cuadrados.

Página 23 Simetría cuádruple: Diseños A, B y E. El C tiene una simetría doble y dos líneas de simetría. El D tiene simetría óctuple y 16 líneas de simetría.

Índice